Fritz Baur

Neuere Probleme der privaten Schiedsgerichtsbarkeit

SCHRIFTENREIHE
DER JURISTISCHEN GESELLSCHAFT e.V.
BERLIN

Heft 61

1980

DE GRUYTER · BERLIN · NEW YORK

Neuere Probleme der privaten Schiedsgerichtsbarkeit

Von

Fritz Baur

Vortrag
gehalten vor der
Berliner Juristischen Gesellschaft
am 20. Juni 1979

1980

DE GRUYTER · BERLIN · NEW YORK

Dr. iur. Dr. h. c. Dr. h. c. Fritz Baur

em. o. Professor für Bürgerliches Recht und Prozeßrecht
an der Universität Tübingen

CIP-Kurztitelaufnahme der Deutschen Bibliothek

Baur, Fritz:

Neuere Probleme der privaten Schiedsgerichtsbarkeit : Vortrag gehalten vor d. Berliner Jurist. Ges. am 20. Juni 1979 / von Fritz Baur. —
Berlin, New York : de Gruyter, 1980.
(Schriftenreihe der Juristischen Gesellschaft e. V. Berlin ; H. 61)

ISBN 3-11-008242-X

Printed in Germany.

Satz und Druck: Saladruck, Berlin 36
Bindearbeiten: Berliner Buchbinderei Wübben & Co., Berlin 42

Die private Schiedsgerichtsbarkeit nimmt einen steten Aufschwung; dies gilt für den nationalen wie den internationalen Bereich. Zwar fehlen verständlicherweise Zahlen, die diesen Satz exakt verifizieren ließen; aber ein gewisses Indiz ist der verhältnismäßig geringe Geschäftsanfall bei den Kammern für Handelssachen der Landgerichte: er macht nur etwa 10 % des Gesamtanfalls bei diesen Gerichten aus; in absoluter Zahl: etwa 40 000 jährlich. Gelegentlich hört man, daß die Schiedsgerichtsbarkeit in gewissen Bereichen die staatliche Gerichtsbarkeit „austrockne". Dies mag übertrieben sein; sicher ist aber doch, daß viele rechtlich und tatsächlich bedeutsame Prozesse des Handels- und Gesellschaftsrechts heute an der staatlichen Gerichtsbarkeit „vorbeilaufen"; dies, obwohl der Gesetzgeber gelegentlich eine Eindämmung verordnet: ich erinnere an § 91 Kartellgesetz, der bei Schiedsklauseln über künftige Rechtsstreitigkeiten zwingend ein Wahlrecht zwischen ordentlicher und Schiedsgerichtsbarkeit vorschreibt, und an die §§ 101 ff. ArbGG, die im Arbeitsrecht die Möglichkeit der Schiedsabrede auf Tarifvertragsparteien und einige traditionelle Schiedsgerichte, wie die Bühnenschiedsgerichte, beschränken.

Ich sehe es nicht als meine Aufgabe an, den Gründen für diese Bevorzugung der Schiedsgerichtsbarkeit hier näher nachzugehen[1]. Denn die ins Feld geführten Argumente, wie Schnelligkeit des Verfahrens und der Entscheidung, Sachkunde der Schiedsrichter, Wahrung der Geschäfts-, Firmen- und Familieninterna durch die Nichtöffentlichkeit der Verhandlungen, Kostenersparnis sind keineswegs vollständig und treffen auch nicht immer zu; jedenfalls bedürften sie einer eingehenden Erörterung. Ich möchte mich vielmehr darauf beschränken, Ihnen einige Probleme aus dem Bereich der Schiedsgerichtsbarkeit vorzutragen, die nach meinen Erfahrungen als gelegentlichem Schiedsrichter in nationalen und internationalen Schiedsgerichten praktisch bedeutsam sind und auch in der neueren Literatur

---

[1] S. dazu *Kohler,* Die moderne Praxis des Schiedsgerichtswesens in der Wirtschaft, 1967; *Domke,* The law and practice of commercial arbitration, 1968.

und Rechtsprechung — zum Teil sehr kontrovers — behandelt werden. Es sind dies

1. Die Unabhängigkeit der Schiedsrichter.
2. Die ordre public-Klausel, namentlich bei Verfahrensverstößen.
3. Rechtsgestaltende Entscheidungen des Schiedsgerichts und ihre Nachprüfung und
4. Der einstweilige Rechtsschutz im Bereich der Schiedsgerichtsbarkeit.

Ich hoffe, mit diesen Themen auch denen unter Ihnen, die ausschließlich im Bereich der staatlichen Gerichtsbarkeit tätig sind, etwas bieten zu können. Denn über jedem Schiedsspruch hängt ja das Damoklesschwert der vor den ordentlichen Gerichten zu erhebenden Aufhebungsklage bzw. der hier zu erwirkenden Vollstreckbarkeitserklärung, und nicht selten versucht die im Schiedsverfahren unterlegene Partei eine Wendung zu ihren Gunsten letztendlich vor dem staatlichen Gericht herbeizuführen. Deshalb ist auch der Satz, daß das Schiedsgericht in erster und letzter Instanz entscheide, nur bedingt richtig. Würden sich die Schiedsgerichte in ihrer Zusammensetzung, ihren Verfahren und ihren Entscheidungen dieses Wächteramts der staatlichen Gerichte stets bewußt sein, würden den Parteien manche Enttäuschung und mancher Ärger erspart bleiben.

I. Die Unabhängigkeit der Schiedsrichter

Als Ansatz möchte ich einen vom BGH im Jahre 1975 entschiedenen Fall nehmen[1a]. Man kann ihn als bizarr bezeichnen, aber er eignet sich gerade deshalb dazu, die hier maßgebenden Gesichtspunkte zu erörtern.

Der Sachverhalt: Die Schiedsklägerin ist ein Treuunternehmen liechtensteinischen Rechts. Mitglieder des Vertretungsorgans sind drei Personen, darunter der Patentanwalt Dr. H., Vertretung durch jeweils zwei Mitglieder des Kollegiums. Die Schiedsbeklagte hatte mit der Schiedsklägerin einen Lizenzvertrag geschlossen, aus dem sich Streitigkeiten ergaben. Die Parteien schlossen jetzt einen Schiedsvertrag und einigten sich auf Dr. H. — also auf das Mitglied des Vertretungsorgans der Kl. — als

[1a] NJW 1976, 109 = JZ 1976, 245 m. Anm. *Schlosser.*

alleinigen Schiedsrichter. Dieser entschied zuungunsten der Klägerin, also seiner Firma. Diese klagt auf Aufhebung des Schiedsspruchs, weil Dr. H. als Mitglied ihres Vertretungsorgans nicht alleiniger Schiedsrichter habe sein können. Das LG und das OLG hatten mit dieser Begründung der Klage stattgegeben. Der BGH hat diesen Aufhebungsgrund nicht für durchschlagend erachtet. Man kann seine Begründung in dem Satz zusammenfassen: Volenti non fit iniuria: Beide Parteien hätten nach Entstehung des Streitfalls sich auf diesen Schiedsrichter geeinigt. „In einem solchen Fall — so sagt der BGH wörtlich — brauchen an die Unparteilichkeit des Schiedsrichters keine scharfen Anforderungen gestellt zu werden." Anders könne zu urteilen sein, wenn es sich um eine Schiedsklausel für künftige Rechtsstreitigkeiten handele. Aber auch hier lasse sich bezüglich der Unparteilichkeit des Schiedsrichters keine generelle Regel aufstellen. Zwar gelte auch für sie „das Gebot unparteilicher Rechtspflege", aber — so der BGH wörtlich — „je nach dem Inhalt der in Frage stehenden Schiedsklausel und den konkreten Umständen, die für die Einsetzung des Schiedsgerichts und die Ernennung der Schiedsrichter bestimmend waren, wird eine strengere oder eine großzügigere Handhabung des Grundsatzes der Überparteilichkeit des Schiedsrichters gerechtfertigt sein".

Schon diese wenigen Zitate zeigen, daß die angestellten Differenzierungen eine erhebliche Rechtsunsicherheit mit sich bringen, wobei interessant ist, daß auch der BGH in dem geschilderten Fall seiner Sache nicht so ganz sicher zu sein schien; denn er führte am Ende der Entscheidung aus, daß Dr. H. — der alleinige Schiedsrichter — nur bestimmte Aufgaben der Klägerin auf patent- und lizenzrechtlichem Gebiet bearbeitet habe; bei der notwendigen wirtschaftlichen Betrachtungsweise sei also seine Stellung als mitzeichnungsberechtigtes Mitglied des Vertretungsorgans der Kl. „mehr formaler Natur gewesen". Anders wäre zu urteilen, wenn etwa L., der die Briefkastenfirma tatsächlich führte, zum alleinigen Schiedsrichter einvernehmlich bestimmt worden wäre. Man ist geneigt zu fragen: Was gilt nun? Kommt es auf die Unparteilichkeit nicht an, weil beide Parteien den Dr. H. in Kenntnis seiner Stellung bei der Klägerin nach Entstehung der Streitigkeit zum Schiedsrichter bestimmt hatten oder war Dr. H. nicht „ausgeschlossen", weil er in Wahrheit gar nicht Parteiorgan war?

Wie unsicher der Rechtsboden ist, auf dem man sich hier bewegt, mag an der zwischen dem BGH und dem OLG Hamburg kontrovers entschiedenen Frage dargetan werden, ob ein Schiedsvertrag wirksam ist, demzufolge ein nur aus Vereinsmitgliedern zu bildendes Schiedsgericht Streitigkeiten zwischen Vereinsmitgliedern und Nichtmitgliedern zu entscheiden hat. Der BGH[2] hatte in Anlehnung an *Kornblum*[3] die Frage verneint, weil damit „eindeutig gegen das auch für das Schiedsgericht geltende ... Gebot überparteilicher Rechtspflege" verstoßen sei. Demgegenüber hat das OLG Hamburg in einem Urteil aus dem Jahre 1975[4] — es betraf das Schiedsgericht der Londoner Metallbörse — gemeint, eine solche Zusammensetzung sei dann unbedenklich, wenn keine Umstände erkennbar und auch von der betroffenen Partei nicht vorgetragen seien, die das Schiedsgericht als befangen erscheinen lassen. Wie weit die Meinungen hier auseinandergehen, zeigt die Reaktion des Schrifttums auf diese Urteile: Während *Bettermann* das Hamburger Urteil begrüßt — er sagt wörtlich: ... weil „das frontnahe Instanzgericht einer Welthandelsstadt gegen die Weltfremdheit eines in tiefer Provinz residierenden Bundesgerichtshofs opponiert", meint *Habscheid*, „auf das in Art. 97 GG verankerte Gebot der Überparteilichkeit der Rechtspflege könne nicht wirksam verzichtet werden; das Urteil des Hanseatischen Oberlandesgerichts bedeute letztlich einen Rückgriff auf den Grundsatz volenti non fit iniuria". *Schlosser* schließlich sagt, es handle sich „um ein prätorianisches Werk" des BGH[4a]!

Genug der Beispiele, die sich beliebig vermehren ließen[5]. Man kann zwar gewisse Leitlinien der Rechtsprechung erkennen; insgesamt bietet sich aber doch das Bild einer erheblichen Rechtsunsicherheit. Sie ist zum einen im Gesetz selbst angelegt, weil es im Schiedsgerichtsverfahren auf die Statuierung von automatisch wirkenden Ausschließungsgründen verzichtet hat und nur die Ablehnung des Schiedsrichters kennt; sie kann freilich auch

---

[2] BGHZ 51, 255.

[3] *Kornblum*, Probleme der schiedsrichterlichen Unabhängigkeit, 1968, 1968, 231 ff.; s. ferner u. a. *Habscheid* KTS 1959, 113 u. NJW 1962, 5.

[4] MDR 1975, 409 mit zustimmender Anm. von *Bettermann*. Dazu auch *Habscheid* KTS 1976, 1, 3 f.

[4a] ZZP 92, 125, 138.

[5] Vgl. dazu *Stein — Jonas — Schlosser*, Bem. zu § 1032 I. Ferner *Schlosser*, Das Recht der internationalen privaten Schiedsgerichtsbarkeit, I 1975, Rz. 458 ff. (je m. w. N.).

dann erfolgen, wenn nach den Bestimmungen der ZPO ein Ausschließungsgrund gegeben wäre. Aber dieses Ablehnungsrecht hat erhebliche Schwächen: einmal muß es deutlich durch Erklärung gegenüber dem Schiedsgericht ausgeübt werden; damit muß eine psychologische Schwelle überwunden werden. Denn die Befürchtung, das Schiedsgericht zu verärgern, wenn nachher möglicherweise dem Ablehnungsgesuch vom staatlichen Gericht nicht stattgegeben wird, ist so abwegig nicht[6]; manche Partei wird aus diesem Grund auf die Geltendmachung von Ausschließungsgründen im Wege der Ablehnung verzichten und lieber auf das ultimum refugium der Aufhebungsklage hoffen, wenn der Schiedsspruch zu ihrem Nachteil ausfällt. Freilich kann auch diese Hoffnung trügen, weil die vorbehaltlose Einlassung der Partei vor dem Schiedsgericht die Verwirkung des Ablehnungsrechts bedeutet[7] und nach Abschluß des Verfahrens in der Regel eine Ablehnung ohnehin nicht möglich ist (BGHZ 7, 187; 17, 7; 24, 1, 6).

So nimmt der Versuch nicht wunder, die Ausschließungsgründe der ZPO nun doch wieder als automatisch wirkende auch für das Schiedsgericht relevant zu erklären, und zwar durch die Hintertür eines Aufhebungsgrundes, sei es des unzulässigen schiedsgerichtlichen Verfahrens, sei es des Verstoßes gegen den ordre public[8]. Aber auch dieser Weg enthebt nicht von der Antwort auf die letztlich entscheidende Frage. Sie lautet: wenn man die private Schiedsgerichtsbarkeit als Rechtspflege ansieht und damit auch die im GG verbriefte persönliche und sachliche Unabhängigkeit der Richter auch hier als bindend erachtet, wie verhalten sich die diese Unabhängigkeit garantierenden Bestimmungen zu dem Grundsatz der Privatautonomie, auf der doch die Schiedsklauseln und die konkreten Schiedsverträge beruhen oder — anders ausgedrückt —: wie weit reicht die Dispositionsfreiheit der Beteiligten? Je nachdem ob man hier eine weiche oder harte Linie verfolgt, die Automatik oder die Differenzierung vertritt, wird das Ergebnis anders ausfallen. Unser Eingangsbeispiel — Sie erinnern sich an die liechtensteinische Briefkastenfirma — zeigt diesen Zwiespalt ganz deutlich: Die Instanzgerichte hatten ganz selbstverständlich den

[6] Darauf weist *Schlosser* JZ 1976, 248 zu Recht hin.
[7] *Stein — Jonas — Schlosser* § 1032 III 1.
[8] S. zu den kontroversen Auffassungen *Stein — Jonas — Schlosser* § 1032 I 2.

Grundsatz vertreten, daß das Organ einer Partei nicht Schiedsrichter sein könne, so selbstverständlich, daß sie andere geltend gemachte Aufhebungsgründe erst gar nicht prüften; demgegenüber hat der BGH sich für die Differenzierung entschieden.

Ich maße mir nicht an, hier eine gewissermaßen allein seligmachende Antwort zu finden oder gar die bisherige, der Differenzierung zuneigende Rechtsprechung aus den Angeln zu heben. Ich meine nur folgendes: Unsere Beispiele haben die erhebliche Rechtsunsicherheit aufgezeigt, die hier herrscht. Man sollte sie beheben, indem man versucht, die Grundeinstellung der Beteiligten zur Schiedsgerichtsbarkeit zu beeinflussen. Diese geht vielfach — um nicht zu sagen: in der Regel — dahin, daß schon die Zusammensetzung des Schiedsgerichts über den Inhalt des künftigen Schiedsspruchs entscheide, daß man deshalb bestrebt sein müsse, auf diese Besetzung in dieser Richtung Einfluß zu nehmen oder sie gar — wie nicht selten in Vereins- oder Verbandssatzungen — entsprechend zu „programmieren“. Auch in ad hoc-Schiedsgerichten kann man beobachten, daß die Parteien nicht nur bestrebt sind, Personen ihres Vertrauens zu entsenden — dagegen läßt sich nichts einwenden —, sondern daß sie Schiedsrichter wählen, denen sie persönlich oder wirtschaftlich verbunden sind, die sie zuvor um Rechtsrat angegangen oder die gar für sie rechtsgutachtlich tätig geworden sind. Wenn auch nach meinen Erfahrungen nicht immer alle Blüten reifen, von denen die Parteien träumen — und zwar deshalb, weil auch auf diese Weise bestellte Schiedsrichter in die ihnen obliegende neutrale Rolle hineinwachsen können —, so ist es doch mißlich, wenn schon der Anschein einer Abhängigkeit entsteht; man kann dann gelegentlich die später im Schiedsspruch unterlegene Partei sagen hören: „Mein Schiedsrichter hat offenbar versagt“, so als ob die Beratung im Schiedsgericht nichts anderes gewesen sei als die Fortsetzung der Verhandlung vor dem Schiedsgericht.

Einer solchen Einstellung sollte der Kampf angesagt werden. Er braucht keineswegs aussichtslos zu sein, weil man denen, die es hier angeht, klarmachen kann, daß jeder Manipulierungsversuch am Ende zur Aufhebung des Schiedsspruchs durch das staatliche Gericht führen kann, daß also der Satz „respice finem“ auch hier seine Bedeutung hat.

Die Auffassung, daß man das Problem an der Wurzel fassen müsse, scheint Raum zu gewinnen. So ist interessant, daß § 8 Abs. 2 der Schiedsordnung für das Ständige Schiedsgericht beim deutschen Ausschuß für Schiedsgerichtswesen den Schiedsrichter verpflichtet, „das Amt abzulehnen, wenn er vom Ausgang des Streits materiell berührt wird, wenn einer der anderen Gründe des § 41 ZPO vorliegt oder wenn er sich aus irgendeinem Grund befangen fühlt". Section 18 der Commercial Arbitration Rules of the American Arbitration Association verpflichtet den Schiedsrichter, alle Umstände der Association mitzuteilen, welche möglicherweise seine Unparteilichkeit beeinflussen könnten, eingeschlossen jede Voreingenommenheit oder jedes finanzielle oder persönliche Interesse am Ergebnis des Schiedsverfahrens oder jede vergangene oder gegenwärtige Verwandtschaft zu den Parteien oder ihren Rechtsberatern. Noch strenger ist die Regelung in der Schweiz; der Verweis in Art. 18 des sog. Schweizer Konkordats über die Schiedsgerichtsbarkeit auf Art. 22, 23 des Gesetzes über die Organisation der Bundesrechtspflege bezieht die Ausschließungsgründe für Bundesrichter, die weit über § 41 unserer ZPO hinausgehen, in die Schiedsgerichtsbarkeit ein. Andererseits enthält leider die vielbenutzte Verfahrensordnung des Schiedsgerichtshofs der Internationalen Handelskammer in Paris keine einschlägigen Bestimmungen, auch nicht in der Neufassung von 1975. Sie nennt zwar die Ablehnung — über die übrigens der Schiedsgerichtshof endgültig entscheidet, was überwiegender deutscher Auffassung widerspricht[9] —, sagt aber nichts über die Ausschließungs- und Ablehnungsgründe. Man hielt dies wohl deshalb nicht für erforderlich, weil der Schiedsgerichtshof insgesamt eine gewisse Aufsicht über die nach seinen Regeln eingesetzten Schiedsgerichte hat; so kann u. a. kein Schiedsspruch ergehen, „ohne daß er vom Schiedsgerichtshof in der Form genehmigt worden ist" (Art. 21); aber diese Aufsichtsbefugnisse sind — worauf *Schlosser* hingewiesen hat[10] — bedenklich, wenn man die sachliche Unabhängigkeit des Schiedsgerichts in Betracht zieht.

Fassen wir das Ergebnis der Erörterung zum Problem der Unabhängigkeit der Schiedsrichter zusammen:

---

[9] *Stein — Jonas — Schlosser* § 1032 III 5 m. w. N.
[10] Peter *Schlosser* in FS für Reinhardt, 1972, 137.

Rechtsprechung und Literatur wenden die Kriterien, die für die Unabhängigkeit der staatlichen Richter gelten, im Bereich der Schiedsgerichtsbarkeit nicht mit der gleichen Strenge an. Eine an Einzelfällen orientierte differenzierende Betrachtungsweise herrscht vor. Damit ist eine erhebliche Rechtsunsicherheit verbunden, die den Weg zur Aufhebungsklage und damit zum staatlichen Gericht öffnet. Eine Besserung ließe sich erreichen, wenn alle an der Abfassung von Schiedsklauseln, Schiedsverträgen und an der Bildung von Schiedsgerichten Beteiligten in ihrer inneren Einstellung von der nötigen völligen Neutralität eines Schiedsgerichts überzeugt wären und danach handelten.

II. Die ordre public-Klausel

Beginnen wir auch hier mit einem Beispiel aus der Rechtsprechung des BGH vom Jahre 1972[11]:

Die Schiedsklägerin, die Eiskonfekt herstellt, hatte der Schiedsbekl. ein Alleinvertriebsrecht für Frankreich eingeräumt, verbunden mit dem Verbot des Reexports und des Verkaufs gleicher oder ähnlicher Waren in Frankreich. Die Bekl. wurde durch Schiedsspruch zu Schadensersatz verurteilt, weil sie gegen diese Verbote verstoßen habe. Der Schiedsspruch sollte nunmehr für vollstreckbar erklärt werden. Dagegen wird geltend gemacht, daß er gegen Art. 85 des EWG-Vertrags und damit gegen die ordre public-Klausel verstoße. Der BGH ist — wie schon in früheren Entscheidungen[12] — davon ausgegangen, daß die kartellrechtlichen Verbote — wozu auch Art. 85 EWG-Vertrag gehöre — vom ordre public-Vorbehalt erfaßt werden, hat aber an die Vorinstanz zurückverwiesen, weil die tatsächlichen Grundlagen für ein Eingreifen des Verbots nicht ausreichend festgestellt waren.

Das Urteil macht die Korrektur — und Aufsichtsfunktion der staatlichen Gerichtsbarkeit voll deutlich, insbesondere wenn man berücksichtigt, daß der BGH im Rahmen der orde public-Prüfung keinerlei Bindung des ordentlichen Gerichts an die tatsächlichen Feststellungen oder die Rechtsauffassung des Schiedsgerichts anerkennt, dies obwohl § 1040 ZPO dem Schiedsspruch

[11] NJW 1972, 2180.
[12] NJW 1969, 978 („Fruchtsäfte"); BGHZ 46, 365.

die Wirkungen eines rechtskräftigen gerichtlichen Urteils zumißt. Hätte also in casu das Schiedsgericht die tatsächlichen Erhebungen zu Art. 85 EWG-Vertrag vorgenommen und wäre es auf dieser Grundlage in rechtlicher Hinsicht zu einer Verneinung der Anwendbarkeit der genannten Bestimmung gekommen, so wäre all' dies für das ordentliche Gericht unmaßgeblich gewesen. *Habscheid*[13] sagt dazu, man komme so auf dem Umweg über die Vorbehaltsklausel zu einer revision au fond.

Der BGH geht sonach in seiner Entscheidung — wie übrigens auch schon in früheren[14] — davon aus, daß zu der öffentlichen Ordnung die zwingenden kartellrechtlichen Vorschriften gehören. Soll dieser Satz verallgemeinerungsfähig in dem Sinne sein, daß alles zwingende innerstaatliche Recht zum ordre public-Bereich gehört? Und wenn ja, bezieht sich dies gleichermaßen auf zwingendes innerstaatliches materielles Recht und auf das Prozeßrecht? Daß diese Frage nicht generell zu bejahen ist, ergibt sich schon aus unseren frühen Erörterungen, wo wir festgestellt hatten, daß sich die verfassungsrechtlichen und gesetzlichen Garantien der richterlichen Unabhängigkeit nur mit Einschränkungen und Differenzierungen auf die Stellung der Schiedsrichter übertragen lassen. Oder bedeutet dies — so ließe sich weiter fragen —, daß im Bereich des materiellrechtlichen ordre public schärfere Maßstäbe anzulegen sind als beim verfahrensrechtlichen ordre public? Oder sind weiter Unterschiede zu machen, je nachdem es sich um einen sog. nationalen oder internationalen Schiedsspruch handelt?

Sucht man — um diese Fragen zu beantworten und den Bereich des ordre public abzustecken — nach Hilfe in den internationalen Übereinkommen, so ist man enttäuscht: So verweist z. B. das Genfer Protokoll über die Schiedsklauseln von 1924 bezüglich der Vollstreckung von Schiedssprüchen auf die einschlägigen Landesgesetze; Art. V Abs. 2 des UN-Übereinkommens über die Anerkennung und Vollstreckung erlaubt die Versagung, wenn dies der public policy des Anerkennungsstaates widersprechen würde. Dies bedeutet aber, daß der innerstaatliche ordre public die Hürde ist, die u. U. jeder Schiedsspruch

---

[13] KTS 1973, 235. Vgl. zur Entwicklung der Rechtsprechung *Kornblum* ZZP 86, 219 ff.

[14] z. B. BGHZ 46, 365, 367.

zu nehmen hat, gleich ob er ein nationaler oder internationaler ist. Dabei ist noch bemerkenswert, daß es nicht darauf ankommt, ob der Schiedsspruch als solcher gegen den ordre public verstößt, maßgebend ist nach einhelliger Auffassung, ob die *Anerkennung* oder Vollstreckung des Schiedsspruchs dagegen verstoßen würde[15]. Dies bedeutet: Hat das Schiedsgericht nach den Regeln des Internationalen Privatrechts ausländisches Recht angewendet und kennt dieses ausländische Recht keinen der inländischen Rechtsordnungen entsprechenden Rechtssatz, ist also der Schiedsspruch inhaltlich völlig korrekt, so ist doch nicht auszuschließen, daß die Anerkennung oder Vollstreckung wegen Verstoßes gegen inländisches zwingendes Recht versagt wird.

Wie ist nun der Inhalt des ordre public zu begreifen? Bei einem Blick in die Rechtsprechung und Literatur findet man immer wieder folgende Formel: Unter den ordre public fallen „Gesetze, die von dem deutschen Gesetzgeber in einer die Grundlagen des staatlichen und wirtschaftlichen Lebens berührenden Fragen aus bestimmten staatspolitischen, sozialen oder wirtschaftlichen Anschauungen und nicht aus bloßen Zweckmäßigkeitsgründen erlassen worden sind"[16]. Diese Formel mag die Grundtendenz andeuten, die zu beachten ist; sie kann aber keine einigermaßen exakte Entscheidungshilfe im konkreten Fall sein. Sollen etwa Preisbindungsvorschriften, Mietpreisregelungen, Import- und Exportbestimmungen ohne weiteres zum Bereich des ordre public gehören, obwohl sie erfahrungsgemäß nicht selten sehr kurzlebig sind und von den staatlichen Stellen je nach der wirtschaftlichen Situation variiert werden[17]? Oder sind im Bereich des verfahrensrechtlichen ordre public alle für die staatlichen Gerichte geltenden zwingenden gerichtsverfassungs- und prozeßrechtlichen Normen in dem Sinne zwingend, daß einem Schiedsspruch bei Verletzung dieser Normen die Anerkennung versagt werden müßte? Daß diese Frage nicht schlechthin bejaht werden kann, zeigt das Beispiel der Verfahrensöffentlichkeit: Dieser Grundsatz ist für den staatlichen Richter bindend, Gericht und Parteien können darüber nicht disponieren. Dennoch ist noch niemand auf den Gedanken ge-

---

[15] BGHZ 46, 365, 369; BGH NJW 1969, 978; *Kornblum* NJW 1969, 1793, 1796.

[16] Vgl. statt aller *Baumbach/Schwab*, Schiedsgerichtsbarkeit, 2. A. 1960, S. 182.

[17] S. zu solchen Regelungen *Stein — Jonas — Schlosser* § 1041 III 2 b).

kommen, einem Schiedsspruch die Anerkennung zu verweigern, weil die Verhandlung vor dem Schiedsgericht nicht öffentlich war, wird doch gerade die Nichtöffentlichkeit als einer der Vorzüge des schiedsgerichtlichen Verfahrens gepriesen.

Auch hier kann ich mir nicht anmaßen, generelle befriedigende Lösungen anzubieten, zumal das Thema — mehr oder weniger kontrovers — schon seit langem in der Literatur erörtert wird und die Rechtsprechung beschäftigt. Aber vielleicht lassen sich einige Leitlinien herausarbeiten[18]:

1. Man sollte zwischen einem ordre public intern und dem ordre public extern unterscheiden[19], d. h. inländische und ausländische Schiedssprüche anders behandeln. Das Gesetz selbst gibt dafür einen Anhaltspunkt, indem es zwischen der Vollstreckbarerklärung inländischer und ausländischer Schiedssprüche unterscheidet und bei letzteren nur die Versagung der inländischen Anerkennung und Vollstreckbarkeit, nicht aber die Aufhebung vorsieht. Freilich ist dieser Anhaltspunkt nur schwach, weil sich die ordre public-Klausel in beiden Regelungen findet. Aber der grundsätzliche Ausgangspunkt ist doch — wie insbesondere *Schlosser* herausgearbeitet hat[20] — ein anderer: Bei inländischen Schiedssprüchen wird die inländische staatliche Gerichtsbarkeit durch die Schiedsgerichtsbarkeit ersetzt. Im Interesse der Gewährleistung einer für alle gleichen Rechtsordnung wird daher die Aufsichtsfunktion der staatlichen Gerichte bei inländischen Schiedssprüchen schärfer durchgeführt werden müssen als bei ausländischen. M. E. muß dies bezüglich ausländischer Schiedssprüche insbesondere dann gelten, wenn bei Fehlen einer Schiedsabrede weder nach deutschem internationalem Prozeßrecht die Zuständigkeit eines inländischen Gerichts gegeben wäre noch nach deutschem internationalem Privatrecht materiell deutsches Recht anzuwenden wäre, wenn der Inlandsbezug sich also nur auf die Wirkung des Schiedspruches im Inland, insbesondere seine Vollstreckung bezieht. Dies kann etwa dazu führen, daß ein ausländischer Schiedsspruch selbst dann im Inland zu vollstrecken ist, wenn inländische zwingende, im

---

[18] S. *Stein — Jonas — Schlosser* Bem. zu § 1041 III 2 u. § 1044 III B 2.

[19] So mit Recht *Stein — Jonas — Schlosser* § 1044 III 2 a; ferner *Fasching*, Schiedsgericht u. Schiedsverfahren im österreichischen und im internationalen Recht, 1973, 153 ff.

[20] A. a. O. (Anm. 19); *ders.*, Intern. Schiedsgerichtsbarkeit Rn. 744.

allgemeinen Interesse erlassene Vorschriften, etwa Formzwang, im Falle ihrer Außerachtlassung die Anerkennung eines inländischen Schiedsspruches verhindern würden. Freilich kann eine mildere Beurteilung ausländischer Schiedssprüche nicht dazu führen, den inländischen ordre public ganz auszuschalten; dies verstieße gegen § 1044 Abs. 2 ZPO, der als Beispiel eines Verstoßes gegen den ordre public ausdrücklich den Tatbestand nennt, daß „der Spruch eine Partei zu einer Handlung verurteilt, deren Vornahme nach den deutschen Gesetzen verboten ist". Dies bedeutet auch, daß zwingende inländische wirtschaftsrechtliche Bestimmungen Bestandteil des ordre public sind[21]; hat der Schiedsspruch diese Bestimmungen nicht beachtet, weil deutsches Recht nicht anwendbar war, so ist er zwar inhaltlich richtig, aber in der Bundesrepublik Deutschland nicht vollstreckungsfähig. Mancher mag dieses Ergebnis angesichts des mehr und mehr zunehmenden inländischen Wirtschaftsdirigismus bedauern, aber nach dem gegenwärtigen Stand der Diskussion läßt sich an ihm nichts ändern.

2. Die zweite Leitlinie, die ich nennen möchte, ist diese: Auch im Bereich des verfahrensrechtlichen ordre public ist zwischen inländischen und ausländischen Schiedssprüchen zu unterscheiden aus den gleichen Gründen, die wir soeben erörtert hatten:

a) Was den inländischen ordre public anlangt, so nennt das Gesetz in § 1041 Abs. 1 Nr. 3—6 ausdrücklich eine Reihe von Verfahrensverstößen, die zur Aufhebung des Schiedsspruches führen, darunter den wichtigen Grund der Nichtgewährung des rechtlichen Gehörs. Bei der Antwort auf die Frage, ob und in welchem Umfang der ordre public durch verfahrensrechtliche Vorschriften aufgefüllt werden kann, die für die staatlichen Gerichte gelten, ist von vorneherein festzuhalten, daß keineswegs alle Prozeßrechtsmaximen und alle zwingenden Vorschriften des Prozeßrechts hierfür in Betracht kommen: die Prozeßrechtsmaximen nicht, weil sie häufig Zweckmäßigkeitserwägungen entspringen, über deren Berechtigung man streiten kann; man denke an Mündlichkeit — Schriftlichkeit, Öffentlichkeit — Nichtöffentlichkeit, Eventualmaxime — Einheit der mündlichen Verhandlung; *alle* zwingenden Vorschriften deshalb nicht, weil

[21] Dazu *Schlosser*, Intern. Schiedsgerichtsbarkeit Rn. 749; *Altenmüller*, Die schiedsrichterliche Entscheidung kartellrechtlicher Streitigkeiten, 1973.

sie eben auf das Verfahren vor den staatlichen Gerichten zugeschnitten sind. Sieht man von den die Unabhängigkeit des Schiedsgerichts betreffenden Erwägungen ab — über die wir schon referiert haben —, so wird es im wesentlichen bei den im Gesetz genannten Tatbeständen bleiben, insbesondere wenn man bedenkt, welche weite Auslegung der im Gesetz ausdrücklich genannte Grundsatz des rechtlichen Gehörs in dem allgemeinen Sinne eines beide Parteien gleichbehandelnden fairen Prozesses in der Rechtsprechung gefunden hat.

b) Der verfahrensrechtliche ordre public international[22] kann aus den schon erörterten Gründen keineswegs nach schärferen Maßstäben gemessen werden als der inländische. Andererseits kann hier die „Auffüllung" des ordre public durch Verfahrensverstöße von Bedeutung sein, und zwar insbesondere dann, wenn in Staatsverträgen und internationalen Abkommen nur der Verstoß gegen den ordre public als Versagungsgrund anerkannt wird, nicht aber sonstige wesentliche Verfahrensmängel, wie sie in § 1044 ZPO genannt sind, so etwa in Art. VI Abs. 2 S. 3 des deutsch-amerikanischen Abkommens von 1954. Damit hatte sich das OLG Hamburg im Jahre 1975 zu befassen[23]: In einem nach den Regeln der American Arbitration Association durchgeführten Schiedsverfahren hatte der Alleinschiedsrichter keine mündliche Verhandlung anberaumt, sondern im schriftlichen Verfahren entschieden. Dabei verwertete er Dokumente, von denen er der anderen Partei keine Kenntnis gegeben hatte. Nach deutscher Auffassung war dies ein klarer Verstoß gegen den Grundsatz des rechtlichen Gehörs, der das Oberlandesgericht veranlaßte, dem Schiedsspruch die Vollstreckbarkeit zu verweigern. Es zeigt sich hier, daß die ordre public-Klausel — selbst wenn man sie im internationalen Rechtsverkehr restriktiv anwendet — das Mittel ist, um tragende deutsche Verfahrensgrundsätze zum Schutze deutscher Staatsbürger anzuwenden.

Dagegen ist der Versuch, mit Hilfe der ordre public-Klausel Schiedssprüche der institutionellen Schiedsgerichte der Ostblockstaaten zu Fall zu bringen, gescheitert. Der BGH hat es abgelehnt, einem jugoslawischen Schiedsspruch die Anerkennung deshalb zu verweigern, weil solche Schiedsgerichte schon aus

[22] S. *Baur* in FS Guldener, 1973, 1.
[23] MDR 1975, 940; dazu *Habscheid* KTS 1979, 9.

systemimmanenten Gründen nicht geeignet seien, Streitfälle unparteiisch zu entscheiden[23a] oder deshalb, weil die deutsche Partei keinen Deutschen als Schiedsrichter des Außenhandelsschiedsgerichts in Belgrad wählen konnte[24]. Der BGH hat sich nur zu der Formel bekannt, daß in extremen Fällen eine Ausnahme zu machen sei, „z. B. dann, wenn ein ausländisches Schiedsgericht seine Zuständigkeit willkürlich, ohne dafür in den Vereinbarungen der Parteien überhaupt irgend eine Grundlage zu haben, angenommen hat“[25], eine Formel, die der BGH dann in einem einen amerikanischen Schiedsspruch betreffenden Urteil wiederholt hat[26]. Ich habe Zweifel, ob jedes dieser Urteile das richtige trifft, so insbesondere wenn man zu dem einen Urteil bedenkt, warum wohl die jugoslawische Seite die Schiedsgerichte nur mit Landsleuten bestückt hat, obwohl doch auch deutsche oder — von der Staatsangehörigkeit her gesehen — gänzlich neutrale Schiedsrichter hätten auf die Liste gesetzt werden können. Ich lasse dies dahingestellt, weil es in unserem Zusammenhang nur darauf ankam, darzutun, daß der verfahrensrechtliche internationale ordre public nicht in allem dem nationalen ordre public gleichen kann.

III. Rechtsgestaltende Entscheidungen des Schiedsgerichts und ihre Nachprüfung

Auch hier will ich einige Tatbestände aus der Praxis voranstellen:

Im Jahre 1974 hatte der BGH folgenden Sachverhalt zu entscheiden[27]: In einem Mietvertrag über ein Tankstellengrundstück hatten die Parteien vereinbart:

„Sollte das wirtschaftliche Wertverhältnis von Leistung und Gegenleistung eine so wesentliche Verschiebung erfahren, daß den Parteien eine Fortsetzung des Vertrags zu den vereinbarten Mietsätzen nicht zugemutet werden kann“, so soll ein Schiedsgutachten der Industrie- und Handelskammer F. entscheiden. Die vom Schiedsgutachter festgesetzte Miete wurde von den

---

[23a] BGHZ 52, 184.
[24] BGHZ 55, 162 (dazu *Habscheid* KTS 1972, 209, 216).
[25] BGHZ 52, 184, 190; dazu *Habscheid* KTS 1972, 209, 213 (m. w. N.).
[26] BGHZ 57, 153, 158.
[27] NJW 1974, 1235.

staatlichen Gerichten wegen offenbarer Unbilligkeit herabgesetzt.

In einem ganz ähnlich gelagerten — ebenfalls eine Tankstellenmiete betreffenden — Sachverhalt hatten die Parteien für den Fall, daß sie sich bei Überschreitung einer bestimmten Erhöhung des Lebenskostenhaltungsindicis nicht einigen konnten, die Entscheidung einem Schiedsgericht übertragen. Im Verfahren über die Vollstreckbarerklärung des Schiedsspruchs hatte der Bekl. eingewendet, es liege kein Schiedsspruch, sondern ein Schiedsgutachten vor, das nicht für vollstreckbar erklärt werden könne. Der BGH hat in seinem Urteil vom Jahre 1976[28] entschieden, daß ein Schiedsspruch gegeben sei.

Schließlich noch eine Klausel aus einem internationalen, auf Lieferung von Elektrizität gerichteten Vertragswerk:

„Wenn sich die wirtschaftlichen Verhältnisse so wesentlich geändert haben, daß die Anwendung des Vertrags für den einen oder anderen Vertragsteil eine nicht zumutbare Härte bedeuten würde, so entscheidet im Falle der Nichteinigung das Schiedsgericht als Schiedsmann mit bindender Wirkung für alle Beteiligten."

Die Beispiele machen folgendes deutlich:

1. Es besteht die auch sonst zu beobachtende Neigung, Tatbestände der clausula rebus sic stantibus einer „Stelle" zu übertragen, die außerhalb der staatlichen Gerichtsbarkeit liegt. Man vermutet hier offenbar größere Sachkompetenz und besseres Verständnis für wirtschaftliche Gegebenheiten.

2. Ob Schiedsgutachter oder Schiedsgericht entscheiden, ist offenbar ebenso unsicher wie bedeutsam. Letzteres vor allem aus folgenden Gründen: Für den oder die Schiedsgutachter gelten nicht die zwingenden Vorschriften, die das Gesetz für die Bildung und das Verfahren vor dem Schiedsgericht festgelegt hat[29]. — Ein Schiedsgutachten unterliegt der gerichtlichen Nachprüfung nach § 319 BGB, wenn die nach billligem Ermessen zu treffende Bestimmung offenbar unbillig ist. Dagegen kommt bei einem Schiedsspruch in Fällen der hier vorliegenden Art die Aufhebung nur bei Verstoß gegen die guten Sitten oder die öffentliche Ordnung in Betracht. Das Schiedsgutachten ist

---

[28] KTS 1977, 42.

[29] Nicht unbestritten: s. *Stein — Jonas — Schlosser* vor § 1025 II 3 b; *Habscheid* in FS Laufke, 1971, 303.

also viel weniger „gerichtsbeständig“ als der Schiedsspruch. Schließlich kann nur ein Schiedsspruch für vollstreckbar erklärt werden.

Die Abgrenzung ist also von erheblicher Bedeutung. Wie ist sie zu treffen? Der BGH[30] stellt auf den Parteiwillen ab, nämlich darauf, ob dieser dahingegangen sei, daß eine Überprüfbarkeit durch das ordentliche Gericht nach § 319 BGB gegeben sein solle, *oder* aber dahin, „daß sogleich eine endgültige, urteilsgleiche Entscheidung unter Ausschluß der inhaltlichen Nachprüfung“ (durch die staatlichen Gerichte) „ergehen soll“. Zwar kommt nach Meinung des BGH dem Wortlaut nur eine gewisse Indizfunktion zu; wenn man sich aber an unsere beiden Beispielsfälle erinnert, so läßt sich nicht leugnen, daß dem Wortlaut doch eine erhebliche Bedeutung zukommt. Denn der Sachverhalt (Festsetzung des neuen Mietpreises für eine Tankstelle) war nahezu identisch; es hätte also nahegelegen, in *beiden* Fällen entweder einen Schiedsgutachtervertrag oder einen Schiedsgerichtsvertrag anzunehmen. Wegen der geschilderten Konsequenzen empfiehlt sich also für alle die, die solche Klauseln zu entwerfen haben, eine eindeutige Klarlegung, welche Wirkung die Parteien dem Spruch zumessen wollen. Bei der Wahl zwischen den beiden Alternativen ist noch bemerkenswert, daß die Tendenz der Rechtsprechung dahin geht, „die Unverbindlichkeitsklausel des § 319 BGB im Schiedsgutachtenrecht möglichst großzügig zu handhaben“[31]. Ein Schiedsspruch ist also allemal bestandssicherer als ein Schiedsgutachten mit allen Vor- und Nachteilen einer solchen Endgültigkeit.

Zwar sind clausula rebus-Abreden in Schiedsverträgen unter den heutigen Verhältnissen besonders häufig; es wäre aber doch irrig anzunehmen, daß die rechtsgestaltende Tätigkeit von Schiedsgerichten sich darauf beschränkte: Man findet sie in Gesellschaftsverträgen zur Festlegung der Bedingungen für ein Fortbestehen einer Gesellschaft, in Verfügungen von Todes wegen zur Auseinandersetzung einer Miterbengemeinschaft[32], in langfristigen Lieferverträgen usw. Die Basis für einen rechtsgestaltenden Spruch des Schiedsgerichts ist für die Beteiligten

[30] S. u. a. BGHZ 6, 335; BGH LM § 1025 ZPO Nr. 7; BGH KTS 1977, 42.

[31] So *Habscheid* KTS 1976, 1, 9.

[32] Vgl. *Stein — Jonas — Schlosser* § 1025 II 1 a.

überall dort gegeben, wo den Parteien vom Gesetz eine Dispositionsfreiheit eingeräumt ist[33]. Dabei — aber nicht nur hier — wird dem Schiedsgericht nicht selten eine Entscheidung „nach Billigkeit" oder „nach billigem Ermessen" übertragen. Auch darauf möchte ich noch kurz eingehen.

Die Frage, ob und unter welchen Voraussetzungen das Schiedsgericht eine Billigkeitsentscheidung treffen kann, also auch eine rechtsgestaltende Billigkeitsentscheidung, hängt eng zusammen mit dem umstrittenen[34] Problem der Bindung des Schiedsgerichts an das materielle Recht. Man könnte argumentieren, als staatlich konzessionierte Rechtspflegeorgane seien auch die Schiedsgerichte an die materielle Rechtsordnung gebunden, andererseits sei das Schiedsgericht als sog. amiable compositeur geradezu zu einer sachgereechten, billigen Entscheidung berufen. Bei dem Versuch einer Lösung des Problems lassen sich zunächst einige Grenzlinien aufzeigen: Sicher ist, daß die Parteien das Schiedsgericht zur Einhaltung des materiellen Rechts verpflichten können. Sicher ist weiter, daß die Parteien das Schiedsgericht von der Wahrung dispositiven Rechts entbinden können[35]. Sicher ist schließlich, daß eine Billigkeitsentscheidung nur in Betracht kommt, wenn die Parteien eine solche gestattet haben. All' dies kann ausdrücklich geschehen, sich aber auch aus den Umständen ergeben, so etwa deutet es auf die Zulässigkeit einer Billigkeitsentscheidung hin, wenn die Parteien Nichtjuristen als Schiedsrichter eingesetzt haben. Lassen sich aus den Parteivereinbarungen weder unmittelbare noch mittelbare Schlüsse ziehen, so ist nach überwiegender Meinung das Schiedsgericht gehalten, einen Rechtsentscheid zu treffen, also die zwingenden, aber auch die dispositiven Normen der Rechtsordnung anzuwenden. Fraglich wiederum ist freilich die Sanktion dieses Satzes; überwiegend wird angenommen, daß der Schiedsspruch nach § 1041 Abs. 1 Ziff. 1 ZPO wegen Nichtbeachtung der im Schiedsvertrag gegebenen Ermächtigung aufhebbar ist[36]. Haben umgekehrt sich die Parteien mit einer Billigkeitsentscheidung einverstanden erklärt, so ist sicher, daß das Schiedsgericht vom

---

[33] S. BGH KTS 1959, 155.

[34] S. *Stein — Jonas — Schlosser* § 1034 I 2.

[35] *Baumbach — Schwab* S. 121 f.

[36] *Stein — Jonas — Schlosser* § 1034 I 2 b; *Baumbach — Schwab* S. 122 (je m. w. N.).

dispositiven Recht befreit ist, vom zwingenden Recht nur unter Beachtung der Grenzen des ordre public.

Die praktische Bedeutung dieser knappen Hinweise für die Kautelarjurisprudenz mag abschließend an einem Beispiel erörtert werden: Hat der Gesellschafter A einer oHG gegen den Mitgesellschafter B auf Ausschluß aus der Gesellschaft vor dem vereinbarten Schiedsgericht geklagt, so kann bei Bindung an das materielle Recht der Schiedsspruch nur auf Ausschluß des B oder Klagabweisung lauten, je nachdem ob die Voraussetzungen des § 140 HGB vorliegen oder nicht. Ist dagegen dem Schiedsgericht eine Billigkeitsentscheidung übertragen, so kann das Schiedsgericht vom Ausschluß absehen und unter Abänderung des Gesellschaftsvertrags Vorkehrungen für ein gesichertes Weiterleben der Gesellschaft treffen. In Zweifelsfällen empfiehlt es sich, daß das Schiedsgericht eine klare Aussage der Parteien über die Wahl der einen oder anderen Alternative herbeiführt. Noch besser wird diese Klarheit schon in der Schiedsvereinbarung geschaffen. Auch hier zeigt es sich also, daß der Abfassung der Schiedsklausel oder des Schiedsgerichtsvertrags eine entscheidende Bedeutung zukommt.

Nun zum letzten Punkt unserer Überlegungen:

IV. Der einstweilige Rechtsschutz im schiedsgerichtlichen Verfahren

Auch hier soll von einer Entscheidung, und zwar des BGH[37] ausgegangen werden:

Die Parteien hatten einen Gesellschaftsvertrag über die Führung eines Handelsunternehmens geschlossen. In der Folge kam es zu einer Kündigung der Gesellschaft durch den Schiedsbeklagten. Der Schiedskläger erhob Klage auf Feststellung der Unwirksamkeit der Kündigung. Im Verlauf des Verfahrens hat das Schiedsgericht entschieden, daß der Schiedsbeklagte dem Schiedskläger für die Dauer des Prozesses weiterhin die monatliche Entnahme von 300 DM zu bezahlen habe. In der Begründung dieses Zwischenschiedsspruchs hat sich das Schiedsgericht auf die einstweilige Anordnung über die Zahlung von Unterhalt im Eheverfahren bezogen. Nun ging es vor dem staatlichen Gericht um die Vollstreckbarerklärung dieses „Zwischen-

[37] ZZP 71, 427, 436 ff.

schiedsspruchs". Der BGH hat die Vollstreckbarkeit bejaht. Zwar — so sagt er — wäre die Vollstreckbarerklärung ausgeschlossen, wenn das Schiedsgericht eine einstweilige Verfügung oder einstweilige Anordnung getroffen hätte; denn dafür wäre das Schiedsgericht nach nahezu einhelliger Meinung nicht zuständig gewesen[38]. Hier aber habe es sich um einen endgültigen Teilschiedsspruch gehandelt; ein solcher könne für vollstreckbar erklärt werden.

Der Fall deutet die Problematik des Verhältnisses des einstweiligen Rechtsschutzes zum Hauptprozeß im schiedsgerichtlichen Verfahren an. Gehen wir einmal von der These aus, daß der einstweilige Rechtsschutz nicht dem Schiedsgericht übertragen werden könne, so sind die Schwierigkeiten offenkundig, die sich sowohl bei einem „Hintereinander" (zuerst einstweiliger Rechtsschutz durch die ordentliche Gerichtsbarkeit, dann der Hauptsacheprozeß vor dem Schiedsgericht) wie bei einem „Nebeneinander" (während des schiedsgerichtlichen Verfahrens erweist sich die Notwendigkeit einer einstweiligen Regelung) der beiden Verfahren ergeben. Sie rühren daher, daß nach der Regelung der ZPO das Verfahren der einstweiligen Verfügung eng mit dem nachfolgenden oder gleichzeitigen Hauptsacheprozeß verbunden ist: ich nenne nur die Fristsetzung zur Erhebung der Klage in der Hauptsache und den Schadensersatzprozeß, wenn sich später der Arrest oder die einstweilige Verfügung als von Anfang an ungerechtfertigt erweist: soll darüber nun das Schiedsgericht entscheiden? Oder: der Arrest oder die einstweilige Verfügung sind nach § 927 ZPO aufzuheben, wenn im Hauptsacheprozeß anderweit entschieden ist. Soll darüber jetzt das Schiedsgericht „als Gericht der Hauptsache" entscheiden?

Auf der Grundlage der These, daß dem Schiedsgericht der einstweilige Rechtsschutz versagt sei, hat man versucht, die sich ergebenden Schwierigkeiten zu mildern. So hat vor allem *Erman*[39] für den Bereich der Klagen nach §§ 117, 127 HGB — also für den Bereich der Personengesellschaften — vorgeschlagen, daß im Gesellschaftsvertrag für das Entziehungsverfahren vereinbart werden könne, das Schiedsgericht solle eine

---

[38] Vgl. *Stein — Jonas — Schlosser* § 1025 V 1 m. w. N.; *Lindacher*, Zeitschrift für das Unternehmens- und Gesellschaftsrecht (ZGR) 1979, 201.
[39] FS Möhring, 1961, 1.

Vorwegfeststellung für die Dauer des Schiedsverfahrens dahin treffen können, daß der Beklagte sich für die Dauer dieses Verfahrens der Ausübung seiner Befugnisse enthalte, oder sogar dahin, daß das Schiedsgericht eine zeitlich begrenzte Entziehungsentscheidung treffe. Aber abgesehen davon, daß die Durchsetzung einer solchen Entscheidung gegen einen ungehorsamen Beklagten dann wieder dem Staatsgericht im Wege der einstweiligen Verfügung übertragen werden muß, handelt es sich doch in Wahrheit um Maßnahmen des einstweiligen Rechtsschutzes, für die das Schiedsgericht gerade nicht zuständig sein soll. Dies ergibt sich schon daraus, daß die Regelung jeweils nur für die Dauer des Schiedsverfahrens gelten soll.

Man kommt also m. E. nicht darum herum, Farbe zu bekennen: Entweder sind solche Maßnahmen als einstweilige ausschließlich dem Staatsgericht vorbehalten, dann hilft auch der Ermansche Vorschlag nicht weiter, *oder* die Parteien haben die Befugnis, auch den einstweiligen Rechtsschutz dem Schiedsgericht zu übertragen.

Die Gründe, die für die Verneinung der zuletzt genannten Alternative — also für die Unzuständigkeit des Schiedsgerichts im Bereich des einstweiligen Rechtsschutzes — vorgetragen werden, sind dürftig. Es wird gesagt[40]: Einstweilige Verfügungen könnten ohne Anhörung des Gegners erfolgen, während für das schiedsgerichtliche Verfahren die Gewährung rechtlichen Gehörs zwingend vorgeschrieben sei. Das Argument überzeugt nicht, denn der Grundsatz des rechtlichen Gehörs würde dann eben auch für den einstweiligen Rechtsschutz im schiedsgerichtlichen Verfahren gelten; daher sind ja auch Versäumnisschiedssprüche unzulässig. Es wird weiter gesagt, daß für die einstweilige Verfügung des staatlichen Gerichts bloße Glaubhaftmachung genüge, deshalb könne sich später erweisen, daß die einstweilige Verfügung sich als falsch erweist. Demgegenüber könne das Schiedsgericht nur rechtskräftige Sprüche erlassen. Auch diese Argumentation überzeugt nicht, denn auch die einstweilige Verfügung des staatlichen Gerichts kann im Rahmen des Streitgegenstands der einstweiligen Maßnahme in Rechtskraft erwachsen[41], ebenso dann auch die einstweilige Anordnung des Schiedsgerichts. Abgesehen davon kann auch eine einstweilige

---

[40] *Erman* a. a. O. S. 14 ff.
[41] *Baur*, Studien zum einstweiligen Rechtsschutz, 1967, 86 ff.

Maßnahme nur nach Vollstreckbarerklärung durch das staatliche Gericht vollstreckt werden: es besteht also dieselbe Kontrollmöglichkeit wie bei einem rechtskräftigen Schiedsspruch. Schließlich wird argumentiert, das Ineinandergreifen der einstweiligen Maßnahme des Schiedsgerichts und seines endgültigen Spruchs hätte wegen der großen Schwierigkeiten, die sich hier ergeben, gesetzlich geregelt werden müssen. Dazu ist zu sagen, daß die Schwierigkeiten nicht geringer sind, wenn man der herrschenden Meinung folgt. Denn auch dann muß die vom staatlichen Gericht erlassene einstweilige Maßnahme mit dem Verfahren und der Entscheidung des Schiedsgerichts in der Hauptsache koordiniert werden.

Insgesamt meine ich: Wenn man schon mit *Erman* und der h. M. gewisse einstweilige Regelungen zuläßt — vgl. unseren Ausgangsfall —, dann sollte man den Schritt ganz tun und es den Parteien gestatten, *auch* den einstweiligen Rechtsschutz dem Schiedsgericht zu übertragen, sei es im Sinne einer mit dem Staatsgericht konkurrierenden, sei es einer ausschließlichen Zuständigkeit des Schiedsgerichts. Der einstweilige Rechtsschutz ist gerichtsverfassungsmäßig Bestandteil der ordentlichen streitigen Zivilgerichtsbarkeit, verfahrensmäßig ein summarisches zivilgerichtliches Verfahren. Es ist also nicht einzusehen, daß die Parteien nicht in der Lage sein sollten, auch diesen Abschnitt ihrer „Rechtsstreitigkeit" der Schiedsgerichtsbarkeit zu unterwerfen. Zuzugeben ist, daß bei nicht institutionellen Schiedsgerichten der Beschleunigungseffekt des einstweiligen Verfahrens unter Verzögerungen bei Bildung des Schiedsgerichts leiden könnte. Aber man sollte es den Parteien überlassen, ob sie dieses Risiko eingehen wollen oder nicht[42]. —

Erlauben Sie mir am Ende meines Berichts einige wenige abschließende Bemerkungen:

Die private Schiedsgerichtsbarkeit ist eine konsequente Fortsetzung der materiellrechtlichen Privatautonomie in den Bereich des Verfahrensrechts. Sie hat sich behaupten können trotz des Gebots des Grundgesetzes, wonach die rechtsprechende Gewalt den Richter — sprich: staatlichen Richtern — anvertraut ist.

---

[42] Ebenso im Ergebnis jetzt *Lindacher*, a. a. O.; *Brinkmann*, Schiedsgerichtsbarkeit und Maßnahmen des einstweiligen Rechtsschutzes, 1977, 41 (im Sinne einer konkurrierenden Zuständigkeit); *Nicklisch* RJW/AWD1978, 633 (im Sinne einer subsidiären Zuständigkeit der Staatsgerichte).

Dieses Beharrungsvermögen darf freilich nicht darüber hinwegtäuschen, daß die private Schiedsgerichtsbarkeit Anfeindungen ausgesetzt ist und möglicherweise künftig noch mehr ausgesetzt sein wird. Die Gründe hierfür sind mannigfach: sie beruhen einmal auf verfassungsrechtlichen Bedenken, eben im Hinblick auf den genannten Satz des Grundgesetzes. Angesprochen sind hier vor allem Bereiche der sog. Verbands- und Betriebsjustiz; hier nicht selten mit besonderem Nachdruck, weil sich diese Arten der Schiedsgerichtsbarkeit mit ihrer Strafgewalt dem Bereich der staatlichen Strafjustiz nähern können. Die Gründe sind aber auch grundsätzlicher politischer und ideologischer Natur: Wer eine staatlich gelenkte Gesellschaftsordnung und eine staatliche Planwirtschaft befürwortet, wird auch für eine private Schiedsgerichtsbarkeit kein Verständnis aufbringen. Aber auch in einer freien Gesellschafts- und Wirtschaftsordnung darf das Mißtrauen nicht gering geschätzt werden, das nicht selten dem sich der Öffentlichkeit verschließenden Schiedsverfahren entgegengebracht wird. Um so mehr ist es angebracht, diesem Mißtrauen keine Gründe zu liefern. Alle, die mit dem Schiedsgerichtswesen zu tun haben, sollten daher vor allem auf die strikte Einhaltung des Grundsatzes der Unabhängigkeit und Neutralität der Schiedsrichter und auf eine möglichst exakte Verfahrensordnung Gewicht legen. Nur wenn die Schiedsgerichtsbarkeit es in ihrer Ausgestaltung und Wirkung mit der staatlichen Gerichtsbarkeit aufnehmen kann, wird sie auch künftig Bestand haben.

MIX
Papier | Fördert gute Waldnutzung
FSC® C083411

Kolibri 360 GmbH
Ferdinand-Jühlke-Straße 7
99095 Erfurt, Deutschland
produktsicherheit@kolibri360.de